Penguenler

Susanna
Davidson

Resimleyen
Simon Mendez

Okuma danışmanı: Alison Kelly,
Roehampton Üniversitesi

Penguenler dünyanın en soğuk bölgesinde, Güney Kutbu'nda yaşarlar.

Buz ve karın hakim olduğu
yerlerde.

Ama penguenlere güneşli sahillerde de rastlayabilirsiniz.

Afrika penguenleri

Masmavi denizlerdeki yeşil adalarda da penguenler yaşar.

Snares Adası penguenleri

Yaklaşık yirmi farklı cins penguen vardır.

İmparator penguenler en büyükleridir.

Peri penguenleri en küçükleridir.

Chinstrap penguenlerinin çenelerinde siyah bir çizgi vardır.

Sarı sürmeli penguenlerin gözlerinin çevresi sarıdır.

Rockhopper penguenlerinin gözlerinin üzerinde sarı tüyler vardır.

Penguenler farklı boyutlarda olabilirler, ama hepsinin biçimi aynıdır.

Tüylerle kaplı uzun vücutları ve kısa, kalın bacakları vardır.

Penguenler aslında kuş sınıfına girer. Kuşların çoğu uçabilir.

Ama penguenler uçamaz.

Penguenlerin kanatları uçmak için çok kısadır.

Ayrıca vücutları da havalanmak için çok ağırdır.

Penguenler kanatlarını yüzmek için kullanırlar. Kanatları sualtında aynı balıkların yüzgeçleri gibi haraket eder.

Penguenler suya
kafa üstü atlar

ve

hızla

dibe

dalarlar.

Yiyeceklerini suyun altında bulurlar.

Küçük balıkları ve krill adı verilen minik deniz canlılarını yerler.

Penguenler suya
kafa üstü atlar

ve

hızla

dibe

dalarlar.

Yiyeceklerini suyun altında bulurlar.

Küçük balıkları ve krill adı verilen minik deniz canlılarını yerler.

Krilleri keskin ve sivri gagalarıyla yakalarlar.

Sonra da çiğnemeden yutarlar.

Penguenlerin nefes almak için sık sık denizin yüzeyine çıkmaları gerekir.

Penguenler yukarı çıkmak için gagalarını yukarı kaldırırlar ve son hızla yukarı fırlarlar.

Yılda bir defa penguenler denizi terk eder.

Karada yürüyerek doğdukları yere dönerler.

Penguenler hızlı yürüyemezler. Perdeli ayaklarının üzerinde yalpalayarak ilerlerler.

Penguenler zaman
zaman buzun üzerinde,
karınlarının üstünde
kayarak ilerler.
Bu sırada ayaklarıyla
kendilerini iterler.

Doğdukları yere ulaştıklarında, çok kalabalık gruplar oluştururlar. Bu gruplara koloni denir.

Bu koloniler gerçekten çok kalabalıktır.

Koloniler aynı zamanda çok da gürültülüdür. Bütün penguenler bir eş bulmak için uğraşırlar.

Erkek ve dişi penguenler birbirlerine seslenirler.

Afrika penguenleri eşek gibi anırır. Kral penguenler trompet sesine benzer sesler çıkarır.

Penguenler kanatlarını sallayıp birbirlerine dokundurarak da iletişim kurarlar.

Eşini bulduktan sonra dişi penguen bir tek yumurta yumurtlar.

Yumurtanın içinde bir yavru penguen büyümeye başlar. Yavru penguenlere civciv denir.

Başta yavru kırmızı bir benek şeklindedir.

On gün sonra şekillenmeye başlar.

Zamanla dışarı çıkmaya hazır olur ve gagalayarak yumurtasını kırar.

İçindeki yavrunun büyüyebilmesi için yumurtaların sıcak tutulması gerekir. Çoğu penguen bir yuva yapar ve bu yuvada yumurtasının üzerine kuluçkaya yatar.

Bazıları ise bir oyuk kazarak yuva yapar.

Ama bazı penguenler sadece yumurtalarını ayaklarının üstünde tutarlar.

Bu penguenler yumurtayı korumak için vücutlarının alt bölümündeki deri parçasıyla örterler.

Kuluçka döneminin sonunda penguen yavrusu dışarı çıkmaya hazırdır. Yavru gagalayarak yumurtada bir delik açar.

Yavru yumurtanın tepesi açılana kadar gagalamaya devam eder. Sonunda dışarı çıkar.

Başlarda penguen yavrularının yumuşak, uçuşan tüyleri vardır. Yüzemezler ve kendi kendilerine yiyecek bulamazlar.

Penguenlerin anne babaları denize giderek onlara yiyecek getirir. Soğuk havalarda yavrular ısınmak için birbirlerine sokulurlar.

Yavrular yiyeceği bütün olarak yutamazlar. Bu nedenle penguenin anne ya da babası yiyeceği yutar.

Daha sonra yiyeceği
sert bir hamur halinde
geri çıkarır ve yavrusunu
besler.

Yavru birkaç aylık olduğunda sugeçirmez tüyleri çıkmaya başlar.

Eski tüyler parça parça dökülür. Bu, penguenlerin biraz dağınık göründükleri bir dönemdir.

6,5 aylık

7 aylık

Yeterince büyüdüklerinde sugeçirmez tüyleri bütün vücutlarını kaplar ve yavrular yalpalayarak denize giderler.

Suya atlar ve dibe dalarlar.

Balıkları kovalar ve keskin gagalarıyla bazılarını yakalarlar.

Artık kendilerine bakmaya hazırdırlar.

Sonraki birkaç yıl, genç penguenler uzak denizlerde yaşarlar.

Yeterince olgunlaştıklarında, doğdukları yere, kolonilerine dönerler.

Burada kendilerine birer eş bulur ve kendi yavrularını yaparlar.

Penguenler hakkında kısa bilgiler

- Gentto penguenleri en hızlı yüzen penguenlerdir.

- Penguenler genellikle 15-20 yıl yaşarlar.

- Küçük penguenlerin yavrularının yumurtadan çıkması sadece 28 gün sürer. İmparator penguenlerin yumurtaları ise 66 günde çatlar.

- Penguenler bazen karaya çıkmak için dalgalarda sörf yaparlar.

Penguenlerle ilgili kelimeler

Burada penguenlerle ilgili bilmeniz gereken bazı kelimeleri bulacaksınız.

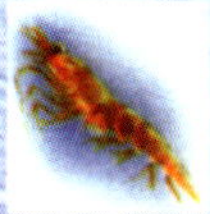

krill – küçük, karidese benzeyen deniz yaratıkları. Okyanusta çok çok büyük sürüler halinde yaşarlar.

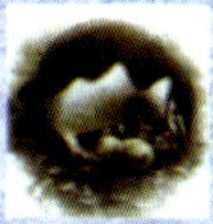

yuva – kuşların yumurtalarını koymak için hazırladıkları küçük alanlar.

koloni – penguenler yeterince olgunlaştıklarında doğdukları yere dönerek koloni adı verilen büyük gruplar oluştururlar.

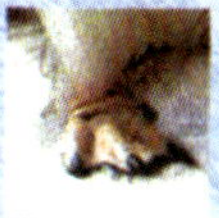

perdeli ayak – ayak parmaklarının arasında düzgün deri parçaları olan ayaklar.

Penguen testi

Penguenler hakkında neler biliyorsunuz? Testi çözün ve öğrenin. Yanıtlar 46. sayfada.

1. En büyük penguenler hangi cinstir.

2. Penguenler uçabilir mi?

3. Penguenler ne yer?

4. Yavru penguenlerin sugeçirmez tüyleri ne zaman tamamlanır?

5. Yetişkin penguenler yavrularını nasıl besler?

6. Bunların adlarını biliyor musun?

Testin yanıtları

1. En büyükler imparator penguenlerdir.
2. Hayır, penguenler uçamaz.
3. Penguenler balık ve krill yer.
4. Yavru penguenler 7 ayda sugeçirmez tüylerine kavuşur.
5. Yavrular yiyeceği bütün olarak yutamazlar. Bu nedenle penguenin anne ya da babası yiyeceği yutar. Daha sonra yiyeceği sert bir hamur halinde geri çıkarır ve yavrusunu besler.

6.

Dizin

yavrular, 27, 28, 30-39
yumurtalar, 26-31
tüyler, 9, 32, 36-37
beslenme, 15, 34, 35
kanatlar, 12
uçmak, 10, 11
penguen biçimi, 8-9
koloni, 22-25, 43
yüzmek, 12-17
perdeli ayak, 8, 19, 43

İnternette penguenler

Penguenlerle ilgili daha fazla bilgi bulmak istiyorsanız, Usborne Quicklinks web sitesine girip (www.usborne-quicklinks.com) anahtar kelimelere *first reading penguins* yazın. Penguenlerle ilgili birçok sitenin adresini bulabileceksiniz.

İnternette önerilen siteler sık sık kontrol edilmekte ve listeler yenilenmektedir. Ancak önerilen sitelerin içeriği yayıncının sorumluluğunda değildir.

Seri editörü:
Lesley Sims

Orijinal Adı: Penguins
First published in 2007 by Usborne Publishing Ltd., London, England.

Sertifika No: 11213

ISBN: 978-605-360-163-0 / Genel yayın numarası: 1538
Çeviren: Sevgi Atlıhan - Editör: Nevin Avan Özdemir

Baskı
BAŞAK MAT. TAN. HİZ. İTH. İHR. TİC. LTD. ŞTİ.
Anadolu Bulvarı MEKA Plaza No:5/15 Gimat Yenimahalle / Ankara
(0312) 397 16 17
Sertifika No: 12689

Türkiye İş Bankası Kültür Yayınları
İstiklal Caddesi No: 144 Kat: 4 Beyoğlu 34430 İstanbul
Tel: (0212) 252 39 91 – Fax: (0212) 252 39 95
www.iskultur.com.tr